Inhalt

Mobiles Arbeiten über den Wolken - Inflight Connectivity erobert mit FlyNet und Co. den Luftraum

Kernthesen

Beitrag

Fallbeispiele

Weiterführende Literatur

Impressum

GENIOS WirtschaftsWissen Nr. 03/2011 vom 21.03.2011

Mobiles Arbeiten über den Wolken - Inflight Connectivity erobert mit FlyNet und Co. den Luftraum

C.Preissler

Kernthesen

- Inflight Connectivity ermöglicht mobile Kommunikation via Internet und Telefon und ist damit insbesondere für Geschäftsreisende an Bord von Langstreckenmaschinen interessant.
- Inflight Connectivity ist Buchungsklassen unabhängig und somit nicht an den Ticketpreis gekoppelt.

- Die Mehrheit der Reisenden lehnt das Telefonieren im Flugzeug ab, die Internetnutzung dagegen wird toleriert.
- Obwohl die Systeme im Allgemeinen stabil sind, gibt es Verarbeitungsprobleme wenn mehrere Anwendungen parallel laufen.

Beitrag

Die Langstrecke ist wieder online

Ende 2010 ging FlyNet wieder an den Start. Mit den neuen Kooperationspartnern Panasonic Avionics und Telekom will Lufthansa durchstarten und bis voraussichtlich Ende 2011 sämtliche Maschinen des Langstreckennetzes mit der neuen Technik zur Inflight Connectivity ausstatten. Hatte Lufthansa 2006 noch massive Probleme mit der Nutzung des FlyNet Angebotes, stellt sich diese Frage 2011 nicht mehr. Geringere Kosten und verbesserte Hardware haben die technischen Voraussetzungen nicht nur seitens der Airlines inzwischen gravierend verbessert. Zunächst testete Lufthansa den neuen alten Dienst auf ausgewählten Transatlantik Routen und bot ihn sogar bis Ende Januar 2011 kostenlos an. Bis Ende 2011 soll FlyNet auf allen Langstreckenflugzeugen verfügbar sein, allerdings kostenpflichtig. FlyNet macht also erneut die mobile Kommunikation über den Wolken möglich und das Konzept ist inzwischen auch bei Geschäftsreisen von Mitarbeitern mittelständischer Unternehmen interessant, weil FlyNet nicht abhängig von der Buchungsklasse ist. (3), (4), (10)

Mobiles Arbeiten auf Flugreisen immer komfortabler

Wo früher von Geschäftsleuten noch diverse Zeitungen an Bord der Maschine eines Transatlanikfluges geschleppt wurden, um die sechs Stunden Flugzeit irgendwie nutzen zu können, haben die meisten heute sowieso Smartphone oder Laptop in der Tasche. Die aktuelle Tageszeitung muss also nicht mehr quer über den Sitznachbar zum Lesen gelegt werden, man geht jetzt online und liest die aktuellsten Nachrichten und Börsenmeldungen im Web. Langeweile kann so gut wie nicht mehr aufkommen, stattdessen wird mit den Möglichkeiten der Inflight Connectivity sogar produktives Arbeiten während längerer Flugzeiten ermöglicht. Gesetzt wird dabei auf eine Satellitenverbindung, über die ein Breitband-Internetzugang durchaus hohe Übertragungsgeschwindigkeiten erreichen kann. Die Datenübertragungsraten entsprechen denen von DSL-Anschlüssen am Boden, allerdings müssen sich alle Passagiere im Flugzeug die Bandbreite teilen. Dennoch ist es ausreichend für den Versand großer Dateien wie Präsentationen oder bebilderter Dokumentationen. Auch die aktuellen Zahlen über das Firmennetzwerk abzurufen, ist via VPN (Virtual Private Network) durchaus möglich. Beinahe die gesamt Dienstepalette steht damit zur Verfügung. Ein wertvoller Zeitgewinn für so manchen Geschäftsreisenden. Doch schnell wird einem geschäftlichen Nutzer hier auch bewusst, dass er nicht im Büro ist. Wer mehrere Anwendungen gleichzeitig nutzen will, bekommt derzeit noch Verbindungsprobleme. (5), (2), (11)

WLAN in 10 000 Meter Höhe gefragt

Erstaunlicherweise lehnt laut einer Umfrage die Mehrheit der deutschen Reisenden das Telefonieren mit dem eigenen Handy im Flugzeug ab. Grund dafür sei, dass die Passagiere ihre Ruhe haben wollen. Die meisten jedoch würden das Arbeiten und Surfen im Netz und den SMS Versand tolerieren, beziehungsweise sogar selbst nutzen. Mit den neuen Systemen wäre beides möglich, telefonieren und online gehen. Man braucht nur ein W-LAN-fähiges Endgerät. Doch noch orientiert man sich bei der Lufthansa am allgemeinen Kundenwunsch und verzichtet auf das Telefonieren mit dem Handy. Ebenso verpönt sind Gespräche via Voice over IP, also Skype & Co. Die Fluggesellschaft Emirates sieht das übrigens anders. Hier ist es bereits seit 2008 möglich mit dem eigenen Handy Gespräch über den Wolken zu führen. (7)

Internet an Bord einer Maschine, Traum oder Alptraum?

Inflight Connectivity wird die Flugreisen revolutionieren, insbesondere für Geschäftsreisende. Endlich kann man die Zeit im Flieger zum Arbeiten und Surfen nutzen. Die Versuchung ist groß, das Gerät und die E-Mails ständig zu checken. Man könnte ja den aktuellen Börsenbericht oder eine wichtige Nachricht eines Geschäftspartners versäumen. Doch muss man wirklich immer online und verfügbar sein?
Nicht nur für die Internetnutzer selbst kann die Breitband Verbindung Stress bedeuten, auch für den Nebenmann, der möglicherweise während des Fluges einfach mal in Ruhe ein paar Stunden schlafen oder lesen will. Nebenan wird wie wild in die Tasten gehackt und der Bildschirm des iPads oder Laptops leuchtet unaufhörlich die sechs Stunden Flugzeit durch. Schnell wird der Traum des Einen zum Alptraum des Anderen. Vielen Reisenden ist es auch

heute noch lieber, mit ihrer Lieblingsmusik im Ohr einfach die Flugzeit durchzuschlummern. Und so mancher hofft, dass das für diesen kleinen Teil über den Wolken doch bitte auch so bleiben möge. (6), (2)

Trends

Auch andere Airlines werden zwangsweise ihre Angebote ausbauen müssen, um im Wettbewerb mithalten zu können. Neben den Zusatzeinnahmen können sich die Fluglinien dadurch auch von anderen Airlines differenzieren, insbesondere die Premium-Airlines. Mittelfristig könnte dadurch die Nutzung sogar kostenfrei werden, sobald die Konkurrenz dies erst mal anbietet.Generell wird die Digitalisierung bei Flugreisen wohl noch weiter zunehmen. Es ist zu erwarten, dass in nur wenigen Jahren die Fluggesellschaften kaum mehr Printausgaben von Zeitungen oder Zeitschriften, sondern dafür kostenlose Weltpresse-Updates für iPad und Co. oder via Bordcomputer anbieten. Board- und Shoppingmagazine werden immer mehr durch Onlineshops abgelöst. Der Fluggast wählt bequem am Platz aus, die Stewardess bringt die Artikel, bezahlt wird über Kreditkarte. Auch wenn das gedruckte Buch sowie die gedruckte Zeitung im Alltag noch längere Zeit eine Rolle spielen werden, im engen Flugzeug ist diese Form doch oft unpraktisch.

Breitband-Internet-Verbindungen in Flugzeugen unterstützen hier den Wandel und tragen zur reibungslosen Funktion bei. (2)

Fallbeispiele

Im Zeitraum der kostenlosen Testphase von Lufthansa FlyNet an Bord wurde pro Flug im Durchschnitt ein Datenvolumen von 2,35 Gigabyte herunter- und 250 Megabyte heraufgeladen. Ab Januar 2011 wurde der Dienst kostenpflichtig. Da die Telekom ebenfalls Realisierungspartner ist, können deren Mobilfunkkunden das Internet für 1,79 Euro je angefangene zehn Minuten nutzen und über die Mobilfunkrechnung abrechnen lassen. Alle anderen Passagiere können mit Kreditkarte bezahlen oder über das Bonussystem der Lufthansa mit Miles & More Prämienmeilen verrechnen lassen. Eine Stunde kostet hier 10,95 Euro oder 3 500 Bonusmeilen, 24 Stunden sind für 19,95 Euro oder 7 000 Bonusmeilen zu haben. (4), (8)

Während Lufthansa für FlyNet mit Panasonic Avionics und der Telekom zusammenarbeitet, werden Malaysia Airlines, Qantas und Emirates von Aero Mobile bedient. Diese neuen Systeme arbeiten fast ausschließlich über WLAN Verbindungen an Board und haben somit Kosten für die Aufrüstung der Flugzeuge gespart, da sie auf die sowieso selten genutzten Kabelanschlüsse verzichtet haben. Aero Mobile bietet zudem eine Handyverbindung über Picozellen an. Emirates nutzt diese Verbindung auf allen Flügen. Da Telefonate während der Nachtzeit stören würden, ist es diesem System möglich, die Sprachnutzung der Verbindung einzustellen und nur noch SMS und Datenflüsse zu erlauben. (2), (9)

Inflight Connectivity kann auch zum Lebensretter werden. So ist es möglich bei einem Notfall an Bord besser und gezielter mit den Ärzten am Boden kommunizieren zu können. War diese Verbindung sonst nur per Funk möglich, ist jetzt die Übertragung medizinischer Daten und Bilder einfach und schnell zu realisieren. Der Arzt am Boden bekommt mehr Information und kann die Situation an Bord besser einschätzen. Bei rund 1 500 medizinischen Notfällen pro Jahr eine große Erleichterung. Das Projekt das auch unter dem Namen Tele Care System (TCS) bekannt ist, ist einfach und genial. Die Technologie, die Internet an Bord eines Flugzeuges möglich macht, unterstützt dieses TCS-System. (1)

Weiterführende Literatur

(1) Für medizinische Notfälle über den Wolken setzt Lufthansa jetzt auf die Telemedizin
aus Ärzte Zeitung Nr. 76 vom 26.04.2010, Seite 2

(2) Internet im Flieger
aus c't - Magazin für Computertechnik, 13/2010, S. 116

(3) Lufthansa lässt ihre Gäste wieder surfen
aus Computerwoche, 06.12.2010, Nr. 49

(4) Lufthansa FlyNet
aus Computerwoche, 06.12.2010, Nr. 49

(5) Das Informations- und Konsumverhalten breiter Bevölkerungsschichten verändert sich durch die...
aus Finanz und Wirtschaft vom 05.02.2011, Seite 35

(6) Jeder Zweite gegen Handy im Flieger
aus VDI NR. 05 VOM 04.02.2011 SEITE 5

(7) Die Deutschen befürworten Handyverbot im Flieger Mehr als die Hälfte aller Deutschen ist dagegen, dass die Fluggesellschaften in Zukunft das Telefonieren an Bord ihrer Maschinen erlauben.
aus MOTOR-INFORMATIONS-DIENST vom 30.Januar 2011

(8) Internet über den Wolken bei Nutzern beliebt Das in einigen Flugzeugen der Lufthansa mit der Telekom bereitgestellte WLAN- Angebot "FlyNet" soll laut Betreiberangaben bei den Nutzern gut ankommen.
aus COMPUTER-INFORMATIONS-DIENST vom 23.Februar 2011

(9) On Air mit Swift-Breitband
aus fvw Nr. 13 vom 25.06.2010 Seite 094

(10) Lufthansa bald ohne Internet an Bord
aus fvw Nr. 28 vom 27.11.2006 Seite 013

(11) Über den Atlantik fliegen und surfen im Internet
aus fvw Nr. 28 vom 27.11.2006 Seite 013

Impressum

Mobiles Arbeiten über den Wolken - Inflight Connectivity erobert mit FlyNet und Co. den Luftraum

Bibliografische Information der deutschen Nationalbibliothek

Die Deutsche Nationalbibliothek verzeichnet diese Publikation in der deutschen Nationalbibliografie; detaillierte bibliografische Daten sind im Internet über http://dnb.d-nb.de abrufbar.

ISBN: 978-3-7379-0373-8

© 2015 GBI-Genios Deutsche Wirtschaftsdatenbank GmbH, Freischützstraße 96, 81927 München, www.genios.de

Alle Rechte vorbehalten. Dieses Werk ist einschließlich aller seiner Teile – z.B. Texte, Tabellen und Grafiken - urheberrechtlich geschützt. Jede Verwertung außerhalb der Grenzen des Urheberrechtsgesetzes bedarf der vorherigen Zustimmung des Verlags. Dies gilt insbesondere auch für auszugsweise Nachdrucke, fotomechanische Vervielfältigungen (Fotokopie/Mikroskopie), Übersetzungen, Auswertungen durch Datenbanken oder ähnliche Einrichtungen und die Einspeicherung und Verarbeitung in elektronischen Systemen.